Agradecimientos
Un millon de gracias a cada una de las siguientes personas,
por compartir su sabiduria, inspiracion, y ayuda, en la creation
de:
"Mi Sueño de Anoche"

Bernie Baker
Tina Nagy
Darlene Capela
Bernadette Connors
KRASH
Bob DeJohn
Beth Trombley
ABC Daycare en Ashtabula, Ohio. EU
Hilda Bass de Salcedo
Cesar Salcedo Bass
Rodrigo Romero Salcedo
Daniela Perales Salcedo
Sergio Salcedo Bass
Betsy Romero de Salcedo
Clemente Salcedo Rojo

Lo que Soñe Anoche

Publicado por:

Relaxing for Health
P.O. Box 3067
Ashtabula, Ohio 44005
www.RelaxingforHealth.com

Diseño y pre-production realizada por

KRASH
www.placemarkbooks.com

Es un placer y honor dedicar este libro a el niño que vive en tu corazon, lleno de paz, amor, alegria y sabiduria!

"Lo que Soñe Anoche"

Escrito e Ilustrado por
Hilda S. Jarvis

Hola soy Luna Star, anoche tuve un hermoso sueño. Soñe que yo era parte del Universo!

Recuerdo que mi respiracion era lenta y profunda, y cuando inhalaba, todas las pequeñas partes de mi cuerpo, llamadas celulas, estaban felices y llenas de energia.

Y cuando exhalaba me encontraba flotando en el espacio. Me sentia como si estuviera hecha de electricidad, iluminando el universo.

Me encontraba obsevando un gran espectaculo de luces de brillantes colores.

Me sentia como una gran estrella, brillante, flotando, llena de paz y alegria!

Veia estrellas y galaxias de gran colorido, flotando en perfecta harmonia.

Yo era Hermosa! Amando a todo el universo y el universo me daba amor.

Sentia mi cuerpo vibrando como si fuera un Corazon muy grande, lleno de amor!

De repente, escuche una voz
que suevemente me dijo: " Asi
se siente cuando te conectas
Con el amor en tu Corazon"
Fue una experiencia
maravillosa. Me senti
completamente feliz.

Ahora que estoy despierta, siento amor en mi corazon, todo el tiempo, dia y noche

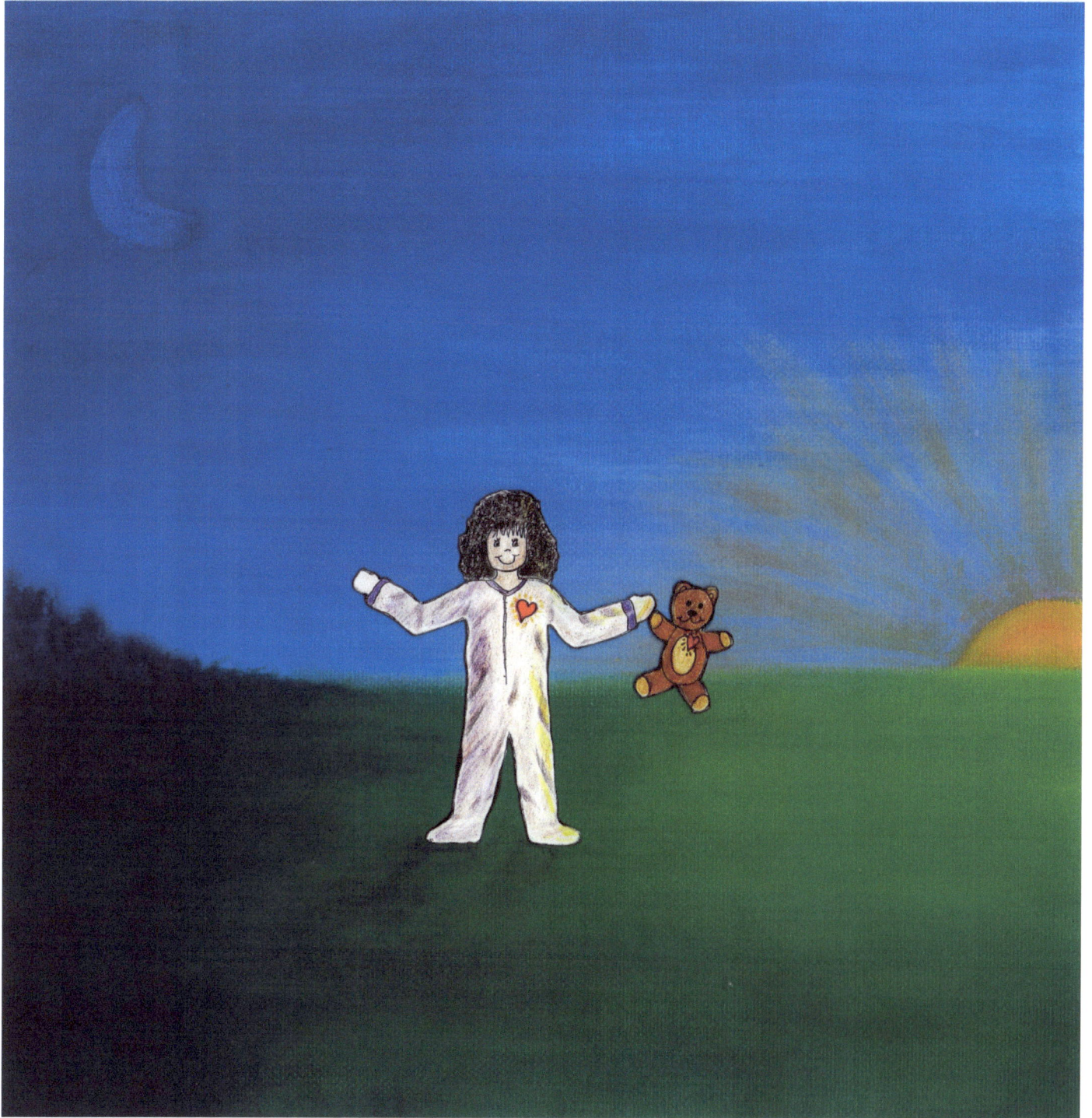

Pero, cuando me siento sola, triste o enojada, salgo a ver las plantas y las flores, la luna, y las estrellas, los pajaros en el cielo y el sol que me rodean, y me reconecto con el gran amor en mi Corazon.

Entonces cuando abrazo a mi mami y mi papi, a mi hermano y a mi hermana,y a mis abuelitos, siento el amor en sus corazones, y me hacen sentir amada, feliz y llena de paz y alegria!

Espero que tu puedas sentir lo que yo siento, el amor es un sentimiento hermoso y real. Es maravilloso compartirlo. Vivamos en paz y harmonia!

Recuerda... Tu eres un ser hermoso, porque estas lleno de amor.
Todos fuimos creados con amor y amor es lo unico que necesitamos!

Te Amo!

I LOVE YOU

31

Los niños estan muy conectados con el cielo y la tierra! Cuando estuve trabajando en las ilustraciones, tuve la oportunidad de leer este libro a niños de 4 a 6 años de edad. Estos son algunos de sus dibujos :

EL SOL Y LAS ESTRELLAS. ZOEY 6 AÑOS

EL SOL, EL CIELO, Y EL UNIVERSO. RTYZ 6 AÑOS

NIÑA JUGANDO AFUERA. MARIAN 6 AÑOS

MIRANDO A LAS ESTRELLAS.
MICHAEL
6 AÑOS

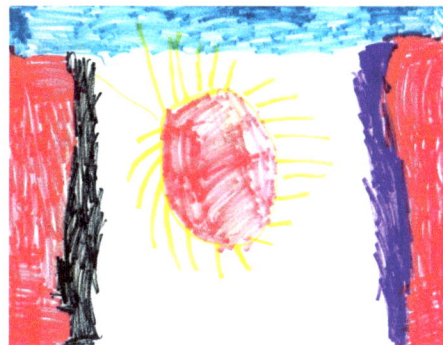

EL SOL ABRAZANDO.
VICTORIA
6 AÑOS

ESTRELLAS.
SAM
5 AÑOS

EL MUNDO.
ARIELLE
5 AÑOS

33

LA TIERRA Y
EL SOL.
ARDEN
5 AÑOS

EL CIELO Y
CORAZONES.
NIKLAS
4 AÑOS

EL MUNDO Y
LAS ESTRELLAS.
MATTHEW
6 AÑOS

ABRAZOS.
AIDEN
5 AÑOS

EL UNIVERSO.
KARI
6 AÑOS

SINTIENDOME
UNA ESTRELLA.
SYRISSA
5 AÑOS

Aqui tu puedes hacer tu dibujo.

www.ingramcontent.com/pod-product-compliance
Lightning Source LLC
Chambersburg PA
CBHW041221040426

42443CB00002B/31